Fröhliche Winterwelt

Alle Jahre wieder freuen wir uns auf die Winter- und Weihnachtszeit. Die erwartungsvolle Vorfreude auf Weihnachten, besinnliche Stunden und festliche Tage, Gemütlichkeit bei eisiger Kälte und Vergnügungen im Schnee voll Lebensfreude sind es, die dieser Jahreszeit ihren ganz besonderen Charakter geben.

Die schönsten Momente und Stimmungen können Sie mit den Winter- und Weihnachtsmotiven in diesem Buch wirkungsvoll unterstreichen. Lassen Sie sich von fröhlichen Weihnachtsengeln, süßen Schneeflöckchen und gut gelaunten Schneemännern die kalte Jahreszeit verschönern.

Viele Freude dabei wünscht Ihnen

Die Motive lassen sich in folgende Schwierigkeitsgrade unterteilen:

● ○ ○ einfach   ● ● ○ etwas schwieriger   ● ● ● anspruchsvoll

MATERIAL
Die folgenden Materialien und Werkzeuge sollten Sie zur Hand haben. Sie werden bei den einzelnen Motiven nicht mehr gesondert aufgeführt.

- Transparentpapier
- Fotokarton
- Schere
- Cutter mit geeigneter Schneideunterlage
- kleiner Hammer
- Lochzange
- Vorstechnadel
- harte und weiche Bleistifte
- feine Filzstifte in Schwarz und Rot
- dicke und feine Buntstifte in verschiedenen Farben
- Lackmalstift oder Acrylfarbe in Weiß
- Konturenfarbe bzw. Metallicpaint in Gold
- feiner und dickerer Pinsel
- Alleskleber
- Klebepads, 5 mm x 5 mm
- selbstklebendes Abstandsband, 1 cm breit

Hinweis: Als „Rest" wird immer ein Stück bezeichnet, das maximal A5 groß ist.

So wird's gemacht

Schablonen anfertigen

Die Motivteile ohne Überschneidungen auf Transparentpapier abpausen. Das Transparentpapier auf ein Kartonstück kleben und das Motiv entlang der Kontur exakt ausschneiden. Diese Schablonen auf den gewünschten farbigen Karton legen und die Konturen mit Bleistift nachziehen. Die Motivteile ausschneiden.

Schattieren

Das Motivteil aus Bastelkarton mit strukturierter Oberfläche auf eine Zeitung legen und mit einem dicken, oft dunkelbraunen Buntstift den Rand so nachziehen, dass die Buntstiftlinien sowohl auf dem Motivteil als auch auf der Unterlage sichtbar sind. So entsteht ein sehr schmaler, dunkler Motivrand. Danach zur Mitte hin eine etwa 5 mm breite, zartere Buntstiftspur auftragen und mit dem Finger etwas verreiben. Diese Technik lässt das Fensterbild plastischer und lebendiger wirken.

Bemalen

Die Augen der Figuren werden mit feinem schwarzem Filzstift aufgezeichnet und mit einem weißen Punkt als Lichtreflex versehen, der mit Lackmalstift (oder mit Acrylfarbe und spitzem Pinsel) aufgetupft wird. Den Mund je nach Modell ebenfalls mit feinem schwarzem Filzstift oder mit rotem Buntstift bzw. feinem rotem Filzstift hinzufügen. Die Wangen mit zart aufgebrachtem rotem Buntstift gestalten.

Tipp: Auch die Gesichtslinien werden mit Transparentpapier übertragen. Dafür die Vorlage abpausen, das Papier wenden und auf der Rückseite alle Innenlinien mit einem weichen Bleistift nachzeichnen. Dann das Papier wieder wenden, passgenau auflegen und die Innenlinien mit einem harten Bleistift nachzeichnen.

3-D-Effekt

Auch mithilfe von Klebepads und Abstandsband wird ein plastischer Eindruck erzeugt. Die Motivteile werden hier nicht direkt aufeinandergeklebt, sondern mit Klebepads befestigt. Vor allem Kleinteile werden auf diese Weise aufgeklebt. Für größere Motivteile eignet sich Abstandsband, das nach Bedarf von einer Rolle abgeschnitten wird. Sie können stattdessen auch ein entsprechendes Stück dickere Pappe verwenden, beidseitig mit Klebstoff bestreichen und zwischen die betreffenden Teile kleben.

Hinweis: Wenn Kinder bei den Bastelarbeiten mithelfen, lassen Sie sie den Cutter nie allein benutzen.

3

Schneemannfamilie

→ zum Dahinschmelzen sympathisch

MOTIVHÖHE
Schneemannpaar ca. 26 cm
Schneemannstecker ca. 10 cm
und 11 cm (ohne Draht)

MATERIAL
SCHNEEMANNPAAR
- geprägter Bastelkarton
  in Elfenbein, A3
- geprägte Bastelkartonreste in
  Rubinrot, Orange, Gelb, Dunkelblau, Mittelbraun und Schwarz
- Buntstifte in Rot und Dunkelbraun

SCHNEEMANN-
STECKER
- geprägte Bastelkartonreste in
  Elfenbein, Rubinrot, Orange,
  Gold, Dunkelblau und Mittelbraun
- Buntstifte in Rot, Dunkelblau
  und Dunkelbraun
- geglühter Stieldraht, ø 1 mm,
  2 x 30 cm lang
- Messingdraht, ø 0,4 mm,
  30 cm lang
- Häkelgarn in Rot, ø 1 mm,
  2 x 15 cm lang

VORLAGENBOGEN 1A

Schneemannpaar

1 Von den Motivteilen Schablonen anfertigen. Die Umrisse auf die verschiedenfarbigen geprägten Bastelkartons übertragen und die Motivteile ausschneiden.

2 Die Teile mit braunem Buntstift schattieren und das Gesicht gemäß Vorlage aufzeichnen. Das Herz mit weißen Lackmalstift-Punkten versehen.

3 Nun gemäß Foto zusammenkleben. Dabei für erhabene Teile – wie den Hut, die Fliege, die schwarzen Knöpfe, den Besen, die gelben Sterne und das Herz – kleine Klebepads verwenden. Zum Schluss das Paar mit Abstandsband auf der Schneefläche fixieren.

Schneemannstecker

1 Von den Motivteilen Schablonen anfertigen. Die Umrisse auf geprägten Bastelkarton übertragen, ausschneiden, schattieren und die Gesichter aufzeichnen. Die Kopfbedeckungen mit blauem Buntstift bzw. weißem Lackmalstift verzieren und die Bündchen der Fäustlinge mit weißen Streifen versehen.

2 Alle Teile gemäß Foto mit Klebstoff und Klebepads zusammenfügen.

3 Das Herz und die Fäustlinge jeweils an ein 15 cm langes Stück Häkelgarn knoten und um den Hals der Figuren hängen.

4 Mit Klebstoff auf der Rückseite den Stieldraht fixieren, der mit einer Schneeflocke aus Karton verziert wird. Den Messingdraht spiralförmig eindrehen, an den Enden zwei goldene Sterne befestigen und an einer der Schneeflocken anbringen.

Nikolaus

→ übermittelt Glückwünsche

MOTIVHÖHE
ca. 25 cm

MATERIAL
- geprägter Bastelkarton, A4
- Fotokartonrest in Hautfarbe
- Lederpapier in Dunkelrot, A4
- Wellpappe in Grün, A5
- Buntstifte in Rot, Hautfarbe und Dunkelbraun
- Konturenfarbe in Gold
- Messingglöckchen, ø 1,5 cm
- Messingdraht, ø 0,4 mm, 10 cm lang

VORLAGEN-BOGEN 1A

1 Von den Motivteilen Schablonen anfertigen, die Umrisse übertragen und die Motivteile ausschneiden.

2 Das elfenbeinfarbige Schild mit feinem schwarzem Filzstift beschriften und den Rand mit goldener Konturenfarbe, die etwas in die Breite gezogen wird, bemalen.

3 Das Schild auf das größere grüne Wellpappteil kleben. Den Wellpapperand mit goldenen Tupfen versehen und auf die fünf Lederpapiersterne mit dem Finger etwas Konturenfarbe auftragen.

4 Den Rand von Mütze und Mantel des Weihnachtsmanns aus rotem Lederpapier mit der Konturenfarbe nachziehen. Den Schnurrbart seitlich jeweils viermal bis kurz vor dem Mittelstück einschneiden. Beide Bartteile und die Ärmelaufschläge dunkelbraun konturieren. Auf die oberen Enden des großen Bartteils quer den grünen, mit Gold verzierten Mützensaum aus Wellpappe kleben. Nun Schnurrbart und Nase mit Klebepads aufkleben. Den Mund einzeichnen. Von hinten probeweise den hautfarbenen Kopf anlegen, Augen und Wangen leicht andeuten. Den Kopf abnehmen, Augen und Wangen aufmalen, dann den Kopf fixieren. Die Ärmelaufschläge anbringen.

5 Die Hände hautfarben schattieren und zusätzlich leicht dunkelbraun konturieren. Die Linien zwischen den Fingern mit Bleistift zeichnen. Das Schild, dann die Hände und den Kopf auflegen und jeweils mit Abstandsband fixieren.

6 Zum Schluss das Glöckchen mit dem Draht an der Mütze befestigen.

Drei Grußkarten

→ weihnachtlich-rustikal

MOTIVHÖHE
ca. 10,5–19 cm

MATERIAL
- geprägter Bastelkarton in Chamois
- Maulbeerbaumpapierrest in Dunkelgrün
- Lederpapierrest in Dunkelrot
- Papperest in Natur, ca. 3 mm stark
- Filzstifte in Dunkelrot, Dunkelgrün und Hellblau
- Konturenfarbe in Gold
- Acrylfarbe in Gold
- Holzperlen in Rot, 3 x ø 6 mm und 4 x ø 8 mm
- 5 Sternperlen in Gold, ø 1 cm

VORLAGEN-BOGEN 1B

Karte mit Herzen und Sternen

1 Den chamoisfarbenen Bastelkarton im Format 21 cm x 21 cm zuschneiden, in der Mitte anritzen und zu einer Doppelkarte falten.

2 Von den Motivteilen Schablonen anfertigen. Die Herzen auf Lederpapier und die Sterne auf dicke, naturfarbene Pappe übertragen und ausschneiden. Auf die Sterne reichlich goldene Acrylfarbe auftragen, sodass Strukturen entstehen.

3 Die 7 mm breiten Streifen aus grünem Maulbeerbaumpapier etwa 1,5 cm bzw. 4,5 cm vom Rand entfernt aufkleben. Mit rotem und grünem Filzstift sowie goldener Konturenfarbe die Muster aufmalen und dann die Herzen und Sterne aufkleben.

Karte mit Stechpalmenzweig

1 Ein 24 cm x 19 cm großes Stück des Bastelkartons auf 12 cm x 19 cm falten.

2 Die vier 5 mm breiten Streifen aus Lederpapier im Abstand von 4 cm voneinander aufkleben. Mit goldener Konturenfarbe und grünem Filzstift das Muster aufmalen. Eine Schablone des Stechpalmenzweigs anfertigen, auf Maulbeerbaumpapier übertragen und ausschneiden. Die Blattadern mit dunkelgrünem Filzstift aufmalen.

3 Vier Holzperlen vorsichtig halbieren und auf den Zweig kleben. Dazu die Holzperlen auf eine Schneideunterlage legen. Die Messer- oder Cutterklinge auf das Perlenloch aufsetzen und mit einem leichten Hammerschlag die Perle spalten.

Karte mit Stiefel

1 Den Bastelkarton im Format 25 cm x 21 cm zuschneiden und auf 12,5 cm x 21 cm falten. Die Karte mit hellblauem Filzstift und goldener Konturenfarbe verzieren.

WEITERFÜHRUNG

Drei Grußkarten

Wichtelmädchen

→ im Stechpalmenkranz

2 Schablonen der Motivteile anfertigen, übertragen, ausschneiden und gemäß Vorlagenbogen die Linien, Nähte, Tupfen sowie die Beschriftung mit goldener Konturenfarbe auftragen. Die rote Zuckerstange mit weißem Lackmalstift mit Streifen versehen.

3 Alle Teile mit Klebstoff und Klebepads aufsetzen. Die Krempe des Stiefels nur an den Schmalseiten und am unteren Rand festkleben, sodass ein gefalteter Geldschein eingesteckt werden kann. Zum Schluss halbierte Holzperlen (Anleitung siehe Seite 9) auf den Stechpalmenzweig kleben.

MOTIVHÖHE
Kranz ca. 28 cm
Wichtel ca. 17 cm

MATERIAL
◆ geprägte Bastelkartonreste in Elfenbein, Rubinrot, Dunkelgrün und Mittelbraun
◆ Fotokartonrest in Hautfarbe

◆ Buntstifte in Rot, Dunkelgrün, Hautfarbe, Hellbraun, Dunkelbraun und Weiß

◆ Häkelgarn in Weiß, ø 1 mm, 2 x 10 cm lang

◆ Abacafasern oder Jutegras in Gelb

VORLAGEN-BOGEN 1B

1 Von den Motivteilen Schablonen anfertigen, die Umrisse übertragen und die Motivteile ausschneiden.

2 Den Kopf an den Rändern hautfarben schattieren, dann in der Mitte die hellbraune Nase zeichnen und das Gesicht vervollständigen. Für die Haare zwei Stränge Abacafasern oder Jutegras jeweils 2 cm von einem Ende entfernt mit dem Häkelgarn abbinden und mit einer Schlaufe versehen. Diese beiden Haarstränge wie ein Dach auf den Kopf kleben.

3 Die Kleidungsstücke mit dunkelbraunem Buntstift schattieren und mit weißen Lackmalstift-Punkten versehen. Bei den Händen nur die Konturen mit Hautfarbe nachziehen. Die Blattadern und Konturen des Stechpalmenkranzes mit stumpfem Buntstift auftragen. Die Beeren erhalten mit weißem Buntstift einen Lichtreflex.

4 Alle Teile gemäß Foto mit Klebstoff fixieren und die Arme sowie den Pelzbesatz der Mütze mit Klebepads anbringen.

5 Mit einer Vorstechnadel jeweils ein Loch in die Stiefel stechen und das weiße Häkelgarn halb durchziehen, eine Schleife binden und die Garnenden kürzen.

Elch-Deko

→ sehr variabel

MOTIVHÖHE

Aufsteller ca. 14 cm
Tischkarte ca. 9 cm
Geschenkanhänger
ca. 7,5 cm

MATERIAL

◆ geprägte Bastelkartonreste in Elfenbein, Grün, Hautfarbe und Hellbraun

◆ deckende Filzstifte in Weiß und Rot

◆ Buntstifte in Hautfarbe und Dunkelbraun

◆ Konturenfarbe in Gold

◆ Bastelkordel, ø 2 mm, in Rot, 10 cm lang, und in Dunkelgrün, 30 cm lang

◆ je 1 Messingglöckchen, ø 1,2 cm und 1 cm

◆ 2 Holzperlen in Rot, ø 8 mm

VORLAGEN-BOGEN 2B

Aufsteller

1 Von den Motivteilen Schablonen anfertigen und übertragen. Das Rumpfteil doppelt ausschneiden; eines davon an der gestrichelten Linie anritzen und falten. Den Kopf und den Rumpf oberhalb der gestrichelten Linie mit Klebstoff bestreichen und auf das zweite Rumpfteil kleben. Die angeritzte untere Rumpfhälfte nach oben klappen und das Gegenstück ebenfalls anritzen.

2 Auch die grüne Decke zweimal ausschneiden, mit den deckenden Filzstiften sowie goldener Konturenfarbe mustern und auf den Elch kleben. Das Gesicht aufzeichnen.

3 Den Elch an den Rändern dunkelbraun schattieren und in den Kopf einen senkrechten, 5 mm langen Schnitt machen, in den das hautfarben schattierte Geweih gesteckt wird. Die Beine können nun gespreizt und der Elch aufgestellt werden.

4 Das Glöckchen (ø 1,2 cm) mit der roten Kordel um den Hals des Elchs hängen.

Tischkarte

1 Von den Motivteilen Schablonen anfertigen, die Umrisse übertragen und die Motivteile ausschneiden.

2 Die elfenbeinfarbenen Tannen hautfarben schattieren und an der gestrichelten Linie falten. Den kleinen Elch ebenfalls schattieren; dann mit Abstandsband auf die beiden „hinteren" Tannen kleben.

3 Das 1,5 cm breite, grüne Schild je nach Länge des Namens zuschneiden, beschriften und verzieren.

Geschenkanhänger

1 Den 15 cm x 7,5 cm großen elfenbeinfarbenen Bastelkarton in der Mitte anritzen und zu einer Doppelkarte falten. Die Ecken mit der Schere abrunden. Ein paar Millimeter vom oberen und unteren Rand entfernt zwei 1 cm breite, grüne Kartonstreifen waagerecht aufkleben und gemäß Foto mit den deckenden Stiften verzieren.

2 Von den Motivteilen Schablonen anfertigen, die Umrisse übertragen und die Motivteile ausschneiden. Den schattierten und mit Gesicht versehenen Elchkopf samt Geweih aufkleben.

3 Die Doppelkarte links oben mit der Lochzange lochen, die grüne Kordel durchfädeln und die Holzperlen sowie das Glöckchen (ø 1 cm) auffädeln.

Schneeflöckchen

→ federleichte Weißröckchen

MOTIVHÖHE
ca. 12 cm (ohne kleinen
Schneekristall)

**MATERIAL
PRO FIGUR**
- geprägter Bastelkartonrest in Elfenbein
- Fotokartonrest in Hautfarbe
- Buntstifte in Rot, Hautfarbe, Hellblau und Hellbraun
- gelüsterte Glasschliffperlen, ø 5 mm
- Engelslocken in Weiß
- 2 Flauschfedern in Weiß
- Silberdraht, ø 0,35 mm, 5 cm lang
- Nähgarn in Weiß

VORLAGENBOGEN 4A

1 Von den Motivteilen Schablonen anfertigen, die Umrisse übertragen und die Motivteile ausschneiden. Die Ränder der Schneekristalle mit hellblauem Buntstift schattieren.

2 Den Kopf hautfarben konturieren. Mit einem hellbraunen, gut gespitzten Buntstift zuerst die Nase aufzeichnen, dann das Gesicht vervollständigen. Einen Strang Engelslocken locker fünfmal um vier Finger einer Hand schlingen, abschneiden und in der Mitte mit einem 5 cm langen Silberdraht zusammenfassen. Nun die Enden der Locken aufschneiden. Die Haare an Stirn und Schläfen festkleben. Den Kopf mit Abstandsband mittig auf einen großen Schneekristall kleben.

3 Jeweils eine Hand mit Klebstoff von hinten an den beiden Ärmeln befestigen. Die Ärmel in der gewünschten Position auf dem Rumpf fixieren. Nun zwei Flauschfedern anbringen, dabei den Klebstoff nur am Hals auftragen; die eventuell oben überstehenden Federkiele abschneiden. Den Kopf auf den Rumpf kleben.

4 Gemäß Foto die Schneeflockenfiguren und kleineren Schneeflocken mithilfe von Nähgarn aneinanderbinden und dabei Glasschliffperlen auffädeln. Damit die einzelnen Perlen nicht verrutschen, den Faden jeweils noch einmal durch die gerade aufgefädelte Perle führen.

Weihnachtsdeko

→ klassisch in Rot-Grün

MOTIVHÖHE

Paravent ca. 20 cm
Teelicht-Aufsteller ca. 11 cm
Girlande ca. 10 cm

MATERIAL
PARAVENT UND TEE-LICHT-AUFSTELLER

◆ geprägter Fotokarton oder Bastelkarton in Dunkelgrün, A3 (Paravent) bzw. A5 (Teelicht-Aufsteller)

◆ geprägte Bastelkartonreste in Rubinrot

◆ Stroh- oder Faserseide in Weiß

◆ Buntstift in Dunkelgrün

◆ Konturenfarbe in Gelb

GIRLANDE

◆ geprägter Fotokarton oder Bastelkarton in Dunkelgrün, 50 cm x 12 cm

◆ geprägte Bastelkartonreste in Rubinrot

◆ Glitterliner in Dunkelgrün und Rot

◆ Buntstifte in Rot und Weiß

VORLAGENBOGEN 2A

Paravent und Teelicht-Aufsteller

1 Von den Motivteilen Schablonen anfertigen, die Umrisse in der erforderlichen Anzahl auf den geprägten Karton übertragen und die Motivteile ausschneiden. Die gestrichelten Linien sind Faltlinien, die entweder mit einem Cutter leicht angeritzt oder mit einer leer geschriebenen Kugelschreibermine kräftig nachgezogen werden. So lässt sich der Karton exakt falten.

2 Die Blattadern mit grünem Buntstift einzeichnen und mit gelber Konturenfarbe die Blütenmitten auftupfen. Die Teile gemäß Foto zusammenkleben. Abschließend das Motiv mit weißer Stroh- oder Faserseide hinterkleben.

Tipp: Der Paravent ist hier zu einer vierseitigen Laterne zusammengefügt worden. Er kann aber auch beliebig verlängert werden.

Girlande

1 Den Rapport des Vorlagenbogens beim Übertragen auf den grünen Karton beliebig oft gegengleich fortsetzen.

2 Die Blattadern und Umrandungen mit Glitterliner auftragen und trocknen lassen. Auch die Schleifen mit rotem Glitterliner konturieren.

3 Die Teile gemäß Foto zusammenfügen und die Beeren mit je einem roten und weißen Lichtreflex versehen.

Tipp: Die Girlande kann auch entsprechend den Faltbändern auf Seite 26/27 hergestellt werden, indem man einen möglichst langen, 12 cm hohen Tonpapierstreifen jeweils nach 10 cm ziehharmonikaartig faltet.

Zwei Wichtelmädchen

→ mit gutmütigem Rentier

1 Von den Motivteilen Schablonen anfertigen, die Umrisse übertragen und die Motivteile ausschneiden.

2 Den Rand der Schneefläche mit dunkelbraunem Buntstift schattieren, ebenso alle elfenbeinfarbenen Pelzbesätze, die rote Bekleidung, die Stiefel und das Geweih. Für die Konturen des Rentiers den schwarzen Buntstift verwenden und die Ohrinnenflächen mit Weiß anlegen; auch den Unterkiefer und den Bauch mit Weiß betonen.

3 Die schwarzen Hufe von hinten an die Beine kleben. Bei Augen und Nase mit dem Lackmalstift weiße Lichtreflexe auftupfen. Den braunen Gurt des Rentiers mit zwei Sternen und der Glocke aus Alukarton verzieren und mit goldener Konturenfarbe Tupfen anbringen; mit einer leer geschriebenen Kugelschreibermine die Ränder dieser kleinen Teile konturieren.

4 Die Gesichter und Hände der Wichtel mit hautfarbenem Buntstift schattieren. Die Nasen mit Hellbraun einzeichnen, dann die Gesichter vollenden. Etwas Abacafaser oder Jutegras auf den Kopf kleben, dann die Mützen und den Pelz aufsetzen und die Figuren mithilfe von Klebstoff und Klebepads zusammenfügen.

MOTIVHÖHE
Rentier ca. 28 cm
Wichtel ca. 17 cm

MATERIAL
- geprägter Bastelkarton in Elfenbein und Grau, A4
- geprägte Bastelkartonreste in Rubinrot, Hellbraun, Mittelbraun und Schwarz
- Fotokartonrest in Hautfarbe
- Alukartonrest in Gold
- Buntstifte in Rot, Hautfarbe, Hellbraun, Dunkelbraun, Schwarz und Weiß
- Abacafasern oder Jutegras in Gelb

VORLAGEN-BOGEN 2B

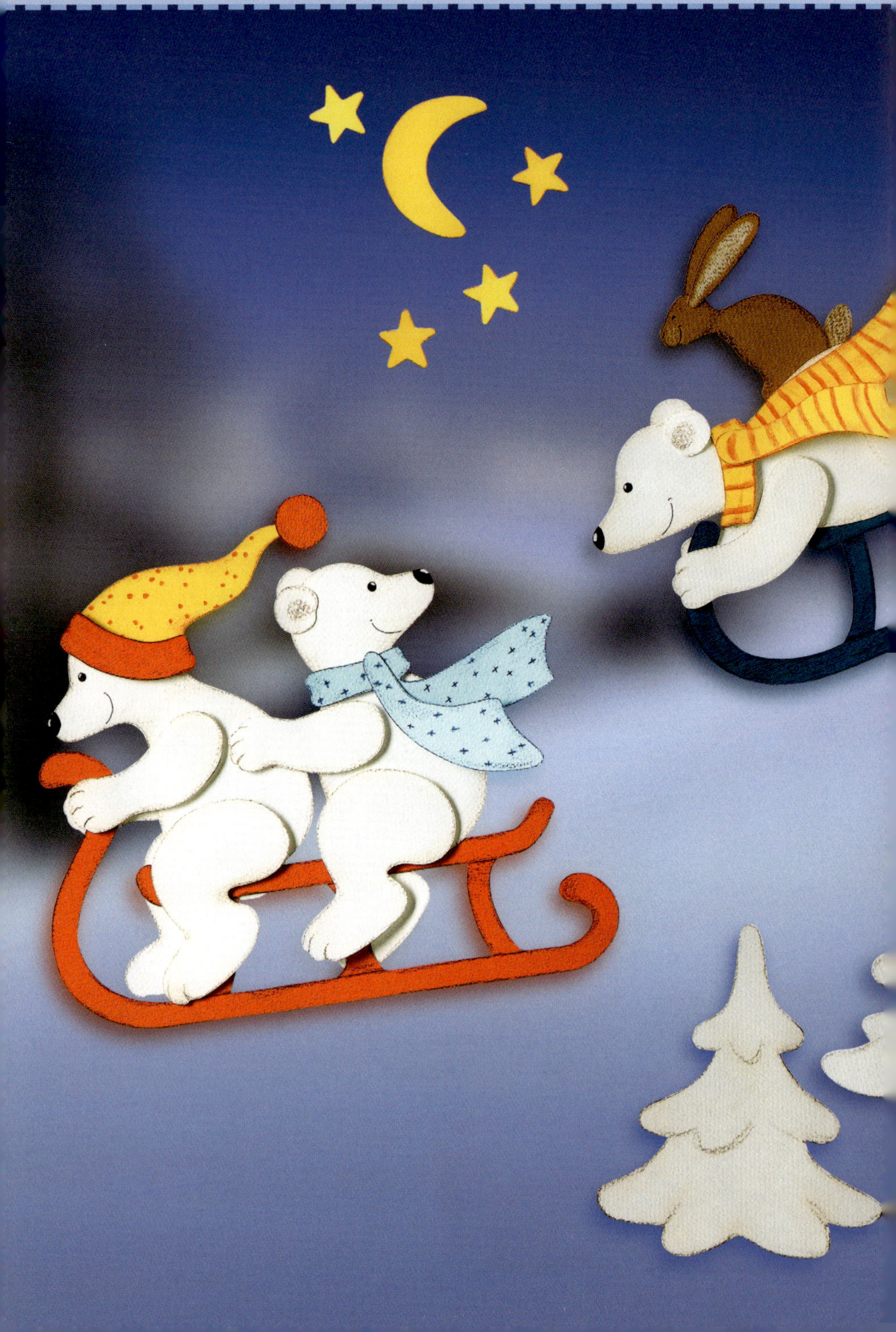

Rodelnde Eisbären

→ fröhliche Rutschpartie

MOTIVHÖHE
Eisbären auf rotem Schlitten ca. 22 cm

MATERIAL
- geprägter Bastelkarton in Elfenbein, 3 x A4
- geprägte Bastelkartonreste in Rubinrot, Gelb, Hellblau, Mittelblau, Hellbraun und Schwarz
- Buntstifte in Rot, Dunkelblau, Dunkelbraun und Weiß

VORLAGENBOGEN 3A

1 Von den Motivteilen Schablonen anfertigen, die Umrisse übertragen und ausschneiden. Die Motivteile mit der passenden Farbe schattieren, dabei für die elfenbeinfarbenen Teile den dunkelbraunen Buntstift verwenden. Die Schals mit dunkelblauen Kreuzchen bzw. roten Streifen versehen; rote Tupfen auf die Mütze aufbringen.

2 Die Innenfläche des Hasenohrs, die Schnauze und den Schwanz mit weißem Buntstift aufhellen.

3 Alle Teile gemäß Foto zusammenfügen, dabei für die erhabenen Teile Klebepads verwenden. Die Gesichter mit feinem schwarzem Filzstift zeichnen. Mit Lackmalstift weiße Lichter auf Augen und Nasen tupfen.

Rentier-Ensemble

→ elegant und edel

MOTIVHÖHE
ca. 12 cm (ohne Draht)

MATERIAL
- geprägte Bastelkartonreste in Elfenbein
- Lederpapierrest in Kupfer
- Alukartonrest in Gold
- Buntstifte in Hautfarbe und Dunkelbraun
- Acrylfarbe in Gold oder Goldstift
- Malglitter in Gold
- Konturenfarbe in Gold
- 5 gewölbte Pailletten in Gold, ø 6 mm
- ca. 50 Rocailles in Gold, ø 2,2 mm
- 5 Acryl-Strasssteine in Orange, ø 5–6 mm
- 2 Messingglöckchen
- Aludraht in Gold, ø 2 mm, 5 x 24 cm lang (Rentiere und Tannen) und 1 x 42 cm lang (Bügel)
- Messingdraht, ø 0,35 mm
- Bouillondraht in Gold

VORLAGENBOGEN 4B

1 Von den Motivteilen Schablonen anfertigen, die Umrisse übertragen und die Motivteile ausschneiden.

2 Den Rand des Rentiermotivs dunkelbraun konturieren, dann hautfarben schattieren. Das Auge mit schwarzem Filzstift auftupfen. Geweih, Nase und Hufe mit goldener Acrylfarbe bemalen. Das Geweih zusätzlich mit Malglitter in Gold überarbeiten. Das Rentier entweder auf einen Drahtständer kleben oder mit Messingdraht an den Aludrahtbügel hängen.

3 Auf die Tanne aus Lederpapier mit der Konturenfarbe goldene Punkte tupfen. Anschließend die Tanne auf den Drahtständer kleben und von oben bis unten mit dem Bouillondraht umwickeln. Schließlich mit einem Stern aus Alukarton krönen.

4 Die Sterne aus Alukarton ausschneiden. Für die Deko des Drahtbügels die Sterne in der Mitte mit einer Lochzange lochen und mit Malglitter verzieren. Die Sterne für die Aufsteller nicht lochen, sondern ihre Ränder mit Konturenfarbe nachziehen und in die Mitte jeweils einen Strassstein kleben.

5 Einen ca. 42 cm langen Aludraht genau in der Mitte einmal um einen Bleistift schlingen, sodass eine Öse als Aufhängung entsteht. Aus den Drahtenden Spiralen formen. Das Rentier, die Glöckchen und die gelochten Sterne jeweils an einem ca. 20 cm langen Stück Messingdraht befestigen, gemäß Foto Rocailles und Pailletten auffädeln und dann am Bügel andrahten. Damit die einzelnen Rocailles nicht verrutschen, den Draht nach dem Auffädeln jeweils noch einmal durch die Rocailleperle führen.

6 Die Ständer aus den 24 cm langen Aludrähten gemäß Vorlagenbogen und Foto biegen und mit den Tannenbäumen bzw. Sternen aus Alukarton verzieren.

Drei Engelanhänger

→ Weihnachtsengel im Knitter-Look

MOTIVHÖHE
ca. 12 cm (ohne Draht)

MATERIAL
- geprägte Bastelkartonreste in Elfenbein
- Fotokartonrest in Hautfarbe
- Lederpapierreste in Dunkelrot und Brauntönen
- Crinkle-Papier in Gold, A4
- Buntstifte in Rot, Hautfarbe und Hellbraun
- Malglitter in Gold
- 15 gewölbte Pailletten in Gold, ø 6 mm
- 14 Acryl-Strasssteine in Orange, ø 5–6 mm
- 5 Streusterne in Gold, ø 1 cm
- Aludraht in Braun, ø 2 mm, je 20 cm lang
- Kordel in Goldbraun, ø 2 mm, je ca. 40 cm lang

VORLAGENBOGEN 2A

1 Von den Motivteilen Schablonen anfertigen und – mit Ausnahme der Kleider und Ärmel – übertragen und ausschneiden.

2 Den hautfarbenen Kopf im Kinnbereich hautfarben konturieren. In der Kopfmitte mit einem gut gespitzten hellbraunen Buntstift die Nase aufzeichnen. Das Haarteil aus Lederpapier aufkleben und die Gesichter vervollständigen. Einen Goldstern oder Strassstein auf den Scheitel setzen.

3 Den Umriss der Schablonen von Kleid und Ärmel auf elfenbeinfarbenen Karton übertragen und grob ausschneiden. Diese Teile wenden, mit Klebstoff bestreichen und auf das Crinkle-Papier kleben: Das Papier nur andrücken, nicht glatt streichen, damit die Struktur nicht verloren geht. Wieder wenden und entlang dem Umriss ausschneiden. An den Ärmeln von hinten die hautfarben konturierten Hände festkleben. Am Kleid nun den Kopf, die Ärmel und die Füße befestigen.

4 Die Kleider mit Strasssteinen, Pailletten oder Goldsternen verzieren.

5 Die Flügel entweder mit Malglitter konturieren oder flächig bestreichen oder beides kombinieren. Dann hinter die Figur kleben.

6 Den Aludraht an einem Ende gemäß Vorlagenbogen zu einer Spirale formen und das andere Ende am Engelrücken fixieren. An einer Kordel aufhängen.

Faltbänder

→ klassisch und schlicht

MOTIVHÖHE
ca. 15 cm

MATERIAL
- Tonpapier in Dunkelgrün, 50 cm x 14 cm, und in Weiß meliert, 50 cm x 16 cm
- geprägte Bastelkartonreste in Elfenbein und Gelb
- Buntstifte in Dunkelgrün und Hautfarbe
- Konturenfarbe in Gold

VORLAGENBOGEN 1B

Misteln

Für das Mistelfaltband den grünen Tonpapierstreifen (50 cm x 14 cm) jeweils nach 12 cm anritzen und ziehharmonikaartig falten; den Rest abschneiden. Die Mistelschablone auflegen, die Konturen mit Bleistift nachziehen und mit dem Cutter ausschneiden. Die Ränder der Mistelzweige und -blätter mit einem stumpfen dunkelgrünen Buntstift nachziehen. Die elfenbeinfarbenen Mistelbeeren hautfarben konturieren. Die Sternenränder mit goldener Konturenfarbe nachziehen und wie die Beeren mit Klebepads aufkleben.

Rentiere

Den weiß melierten Tonpapierstreifen (50 cm x 16 cm) jeweils nach 11 cm leicht anritzen und ziehharmonikaartig falten; den überstehenden Rest abschneiden. Nun die Schablone so auflegen, dass der untere Schablonenrand mit dem unteren Rand des gefalteten Tonpapierstreifens abschließt. Die Umrisse der Schablone mit Bleistift nachziehen. Damit die Papierschichten beim Ausschneiden nicht verrutschen, das Ganze mit dem Tacker an zwei Stellen außerhalb des Motivs zusammenheften. Das Motiv mit dem Cutter auf einer Schneideunterlage ausschneiden. Die Augen mit der Lochzange ausstanzen.

Weihnachtsmann

→ Von drauß' vom Walde ...

1 Von den Motivteilen Schablonen anfertigen, die Umrisse übertragen und die Motivteile ausschneiden.

2 Die elfenbeinfarbenen Motivteile des Weihnachtsmanns dunkelbraun schattieren. Mit dem hautfarbenen Buntstift die Hände konturieren.

3 Beim Zusammenkleben des Weihnachtsmanns mit dem Kopf beginnen. An die oberen Enden des großen Bartteils den gleichfarbigen Pelz der Mütze kleben. Von hinten den hautfarbenen Kopf ankleben. Nun von vorne den Schnurrbart hinzufügen und die Nase mit einem Klebepad anbringen. Erst jetzt die Augen aufzeichnen.

4 Am separaten rechten Ärmel den Pelzaufschlag und die Hand festkleben. Diesen Ärmel nur an der Schulter am Mantel fixieren, dann den Kopf aufkleben. Den Pelzbesatz am Mantelsaum, den Pelzaufschlag des linken Ärmels und den Mützenpompon ergänzen. Die Knöpfe auf Kartonscheiben (ø 1,2 cm) kleben und auf dem Mantel fixieren.

5 Alle Motivteile des Elchs dunkelbraun schattieren. Beide Geweihe und Ohren leicht versetzt am Kopf befestigen. Das Gesicht des Elchs gestalten und die Hufe mit dem dicken Filzstift bemalen. Das Geschirr festkleben und mit goldener Konturenfarbe Nähte aufzeichnen. Den Elch gemäß Foto zwischen den Armen des Weihnachtsmanns anbringen.

MOTIVHÖHE
ca. 44 cm

MATERIAL
- geprägter Bastelkarton in Elfenbein, Dunkelgrün und Hellbraun, A3
- geprägte Bastelkartonreste in Rubinrot, Ocker und Dunkelbraun
- Fotokartonrest in Hautfarbe
- Lederpapier in Dunkelrot, A3
- Alukartonrest in Gold
- Buntstifte in Hautfarbe, Dunkelgrün, Dunkelbraun und Weiß
- dicker Filzstift in Dunkelbraun
- Konturenfarbe in Gold
- 3 Knöpfe in Gold, ø 8 mm

VORLAGEN-BOGEN 3B + 4A

WEITERFÜHRUNG

Weihnachts-
mann

6 Die Kufen des Schlittens doppelt ausschneiden, dunkelgrün schattieren, an den Enden mit goldenen Punkten versehen und leicht versetzt von hinten an der dunkelbraun konturierten Wanne ankleben.

7 Die am oberen Rand golden konturierte Wanne mit zwei grünen Streifen bekleben und diese ebenfalls mit Gold betupfen und mit roten Herzen verzieren.

8 Die Tanne dunkelgrün konturieren. Die Herzen dunkelbraun schattieren. Bei den Sternen aus Alukarton den Umriss 1–2 mm vom Rand entfernt mit einer leer geschriebenen Kugelschreibermine nachziehen. Sterne und Herzen aufkleben und dann mit goldener Konturenfarbe Christbaumketten auftupfen.

9 Den Hasen mit Lebkuchen und den Teddybären mit Geschenk dunkelbraun konturieren und die Gesichter aufzeichnen. Mit weißem Buntstift das rechte Ohr und den Schwanz des Hasen aufhellen sowie mit Lackmalstift die Mandeln auf den Lebkuchen zeichnen. Das rote Geschenk mit goldenem Stift verzieren.

Schneemann

→ mit Rabe und Katze

MOTIVHÖHE
ca. 22 cm

MATERIAL
- geprägter Bastelkarton in Elfenbein, A4, und Rubinrot, A5
- geprägte Bastelkartonreste in Orange, Gelb, Mittelblau, Mittelbraun und Schwarz
- Buntstifte in Rot, Dunkelblau und Dunkelbraun
- geglühter Blumendraht, ø 0,35 mm, 3 x 7 cm lang
- Häkelgarn in Schwarz, ø 1 mm, 3 x 10 cm lang
- 3 Knöpfe in Rot, ø 1,2 cm

**VORLAGEN-
BOGEN 4B**

1 Von den Motivteilen Schablonen anfertigen, die Umrisse übertragen und die Motivteile ausschneiden.

2 Die elfenbeinfarbenen, roten und braunen Motivteile mit dunkelbraunem Buntstift schattieren, ebenso den Besen mitsamt den Innenlinien. Den Schnabel des Raben sowie die Karottennase am Rand leicht röten. Die Gesichter einzeichnen und die rote Jacke sowie die blauen Fäustlinge mit weißem Lackmalstift-Tupfen bzw. -Streifen versehen.

3 Alle Teile wie auf dem Foto zusammenkleben, dabei für die erhabenen Mantelteile und die Katze Abstandsband verwenden.

4 Bei der Schneekatze die Löcher für die Barthaare mit der Vorstechnadel einstechen und die Drähte hindurchziehen. Das Herz auf das Häkelgarn fädeln und um den Hals der Katze binden.

5 Die Fäustlinge ebenfalls an einem Stück Häkelgarn festbinden und jeweils um die Hände des Schneemanns schlingen. Die Knöpfe auf den Mantel kleben.

→ zum Verschenken

MOTIVHÖHE
ca. 12 cm

MATERIAL
- geprägte Bastelkartonreste in Elfenbein, Rubinrot, Gelb und Mittelbraun
- Wellpappe in Hellblau, 24 cm x 12 cm
- Buntstifte in Rot und Dunkelbraun
- Filzstifte in Rot und Hellblau
- Strukturfarbe in Weiß
- geglühter Blumendraht, ø 0,35 mm, 3 x 7 cm lang
- Häkelgarn in Rot bzw. Schwarz, ø 1 mm, 10 cm lang
- Satinkordel in Rot, ø 2 mm, 30 cm lang

VORLAGENBOGEN 4B

1 Die Wellpappe auf der gewellten Seite in der Mitte quer zu den Wellen mit Lineal und Cutter anritzen und umklappen. Das Loch für die Satinkordel (Aufhängung) mit der Lochzange ausstanzen. Nun in die Rinnen der Wellpappe mit weißer Strukturfarbe die Punkte auftupfen. Das 1,5 cm hohe Namensschild mit den Filzstiften beschriften und nach Bedarf kürzen; den Rand schattieren.

2 Die Katze fertigen, wie beim „Schneemann" (S. 30/31) beschrieben. Anstelle der Katze kann auch der Hirsch aufgeklebt werden: Seine Konturen dunkelbraun schattieren, das Gesicht mit feinem schwarzem Filzstift aufzeichnen, je einen Lichtreflex mit weißem Lackmalstift auf Augen und Nase tupfen und den rot konturierten Stern an dem roten Häkelgarn um den Hals hängen.

DIESES BUCH ENTHÄLT 4 VORLAGENBOGEN
Hilfestellung zu allen Fragen, die Materialien und Bastelbücher betreffen: Frau Erika Noll berät Sie.
Rufen Sie an: 05052/911858*   *normale Telefongebühren

IMPRESSUM

FOTOS: frechverlag GmbH, 70499 Stuttgart; Armin Täubner (S. 2/3), Fotostudio Ullrich & Co., Renningen (übrige Fotos)
DRUCK: Print Consult GmbH, 82031 Grünwald

Materialangaben und Arbeitshinweise in diesem Buch wurden von dem Autor und den Mitarbeitern des Verlags sorgfältig geprüft. Eine Garantie wird jedoch nicht übernommen. Autor und Verlag können für eventuell auftretende Fehler oder Schäden nicht haftbar gemacht werden. Das Werk und die darin gezeigten Modelle sind urheberrechtlich geschützt. Die Vervielfältigung und Verbreitung ist, außer für private, nicht kommerzielle Zwecke, untersagt und wird zivil- und strafrechtlich verfolgt. Dies gilt insbesondere für eine Verbreitung des Werkes durch Fotokopien, Film, Funk und Fernsehen, elektronische Medien und Internet sowie für eine gewerbliche Nutzung der gezeigten Modelle. Bei Verwendung im Unterricht und in Kursen ist auf dieses Buch hinzuweisen.

Auflage: 5.   4.   3.   2.   1.
Jahr: 2012   2011   2010   2009   2008   [Letzte Zahlen maßgebend]

ISBN 978-3-7724-3705-2
Best.-Nr. 3705

© 2008 frechverlag GmbH, 70499 Stuttgart